Lo Prohibido

Historia basada en personajes y hechos verídicos

1

ISBN 978-0-9908444-3-3

Ilustraciones: María M. Durán Alfaro & Bill Asbury

Dedicatoria

Este libro lo dedico a mis Padres: Miguel Antonio y Genoveva por la buena enseñanza que me dieron durante mis años de formación.

A mi madrina Carmen (Mina) Rodríguez y padrino

Fernándo (Nan) Rodríguez.

A mi esposo Carlos y a mis dos hijos Dany y Gabe.

..

A Nuestro Creador...

Capítulo 1

Lo miraba todos los días a través de la *vitrina*. Era rojo, negro y blanco y estaba tan *brillosito* que anhelaba tenerlo conmigo. Tenía dos líneas: una blanca y otra negra, que le hacían ver más hermoso. La parte de adentro era de color blanco al igual que las líneas que tenía alrededor de las *llantas*. En la parte de atrás, había un botón que al ser tocado, su *capota* se abría y se convertía en un hermoso, cochecito *convertible*.

Sabía todo esto, ya que había observado a don Marcelo, el *ebanista*, trabajar con tanto cuidado en la madera y *construir* aquel elegante cochecito convertible. ¡Cuánto anhelaba tener un cochecito como ese, yo soñaba todas las noches que tenía uno igual a él; era tan hermoso!

Capítulo 2

En el barrio, todos conocían a don Marcelo el ebanista y a su esposa doña Elizabeth, que cariñosamente le llamábamos Ely. Don Marcelo era un hombre de carácter pasivo y muy callado; era de cabellos marrón y de estatura mediana. Sus ojos eran en forma ovalada y de color café.

Don Marcelo siempre estaba concentrado en su trabajo; a él le gustaba la perfección y hacía su trabajo con dedicación. El siempre decía que uno debía de tomar tiempo en hacer el trabajo bien. Así que, siempre se esmeraba en trabajar la madera y lo hacía con mucho cuidado y con mucha destreza.

Doña Ely era una mujer muy elegante. Su piel era de color canela y sus ojos negros le lucían con sus largos cabellos negro *azabache*. Muchos decían en el barrio, que ella era *descendiente* de los *Indios Taínos*, por sus rasgos físicos. Ella era una mujer de carácter templado y muy cariñosa.

En el vecindario todos ya sabían cuando doña Ely cocinaba. Tan pronto uno pasaban frente a su casa, el olor a *sofrito* en la comida se percibía desde afu*era*. Ella disfrutaba mucho cocinar. ¡Hacía unos platos tan *exquisitos!* Cuando entraba a la tienda de don Marcelo me *escurría* por la puerta trasera de la casa para llegar a la cocina y saborear sus ricos *sorullitos de maíz*. Ella los hacía dulces y los rellenaba por dentro con queso holandés. Los freía y quedaban bien tostaditos por la parte de afuera y el queso derretido por dentro.

– Ummm… ¡eran tan sabrosos!

En la parte de atrás de la casa, se encontraba el *Taller de Carpintería*. Don Marcelo no permitía la entrada de nadie al Taller sin su permiso. Habían herramientas con filos o con puntas como también muebles recién pintados. Si por equivocación alguien los tocaba, dejaba la marca, y se dañaba el trabajo recién pintado. Por lo tanto, nadie se atrevía entrar si su autorización.

En el frente de la casa de don Marcelo había dos puertas grandes y *labradas* en madera. Una de esas puertas daba a la entrada principal de la residencia Cruz-Montalvo y la otra a una pequeña *Tienda*. Allí, se vendían juguetes hechos en madera, sillones, banquetas, pilones y otros objetos labrados en madera. Don Marcelo además de Carpintero, era un gran *Artesano* .

Capítulo 3

Mi historia realmente comienza una tarde cuando yo regresaba de la escuela. Escuché ruidos que provenían del taller de don Marcelo. Ese día en la clase de español, la maestra nos había leído la historia de don Toño, el *Carpintero*. Entonces, tuve una gran curiosidad en saber lo que don Marcelo hacía en su taller. Como a él no le gustaba que nadie entrase sin su permiso, me asomé por una de las ventanas. Allí vi que don Marcelo trabajaba con algo que no pude distinguir rápidamente.

Observé que él medía con una *cinta métrica* y trazaba con un lápiz, era como si estuviera diseñando *un patrón*. Luego vi como cortaba cuidadosamente la madera utilizando una herramienta llamada *serrucho*. Después le pasaba una *lija*, que se usaba para suavizar cualquier aspereza que tuviera la madera. Me di cuenta, ya que pasaba su mano y volvía a pasar la lija una y otra vez. Con un *martillo*, *clavos* y *pega*, iba uniendo todas las piezas, una por una hasta formar un cochecito.

– ¡Wau... que hermoso cochecito! ¿Cómo me gustaría tener uno como ese?

De pronto, mire el reloj, ¡no me había dado cuenta de la hora! Estaba seguro que mamá se estaría preguntando dónde yo estaría. Así que salí corriendo. Corrí y corrí sin parar, no quería que mamá se preocupara por mi.

Esa noche a penas pude dormir, lo único que pensaba era en aquel hermoso cochecito de madera. Podía recordar en mi mente cada paso que don Marcelo tomó para formar aquel convertible. Poco a poco me rendí del sueño y me quedé dormido.

El próximo día tan pronto sonó la campana de la escuela, salí corriendo. Quería saber cómo don Marcelo había progresado con el cochecito.

– ¿Lo habría terminado? – me pregunté una y otra vez. Después de correr sin detenerme, llegué al taller casi sin aliento. Fue tan grande mi sorpresa que don Marcelo en ese preciso momento mezclaba la pintura para comenzar a trabajar con él . El rojo, parecía ser el color principal, luego mezcló otros colores hasta sacar el color deseado. Con unos pinceles de diferentes tamaños, cuidadosamente comenzó a pintar el cochecito.

Estuve varias horas mirando por la ventana hasta que por fin don Marcelo, terminó. Colocó el cochecito frente a un abanico grande que tenía en su taller. Me imagino que era para que se secara la pintura . ¡Wau, se veía tan hermoso! ¡Cuánto deseaba tenerlo!

Esa noche no comí, me fui a mi recámara y soñé con aquel hermoso cochecito convertible. Soñé, que mamá había ido a la tienda y me lo había comprado. Soñé que jugaba con él todas las noches antes de ir a la cama. ⊕

Capítulo 4

Al otro día tan pronto salí de la escuela, me fui corriendo hasta llegar al taller de don Marcelo. Miré por la ventana y de pronto ... no vi el cochecito! ¡No estaba en donde lo había puesto la tarde anterior don Marcelo! Recorrí con mis ojos todo el taller, de arriba abajo sin poderlo encontrar!

- ¡Oh Dios!, ¿dónde estará el convertible? ¿Lo habrá vendido?

¡No, no puede ser! ¿Qué habrá pasado con el cochecito? ¡A lo mejor lo llevó a la *Tienda*! – me dije a mí mismo.

Salí corriendo y me dirigí hacia la entrada principal de la *Tienda* en donde doña Ely, que en ese preciso momento, atendía a un cliente. Quería interrumpirla, pero sabía que era una falta de cortesía interrumpir a una persona cuando estaba hablando, mamá siempre me lo decía. Así que decidí buscarlo por todas partes, mis ojos recorrieron toda la *Tienda* de arriba abajo.

¡Uff! ¡No lo veía por ninguna parte! Seguí mirando góndola por góndola...

-¡Aja! ¡Por fin! ¡Allí estaba el cochecito convertible!

Don Marcelo ya lo había colocado en una de las vitrinas de la tienda para ser vendido. ¡Wau! ¡Se veía tan bonito! Tenía marcado el precio sobre la etiqueta de venta. **$10** Diez dólares $10.

– ¿Diez dólares? ¡Yo no tengo diez dólares! – me susurré a mí mismo. – ¡Eso es mucho dinero!

Esa tarde me fui muy triste a la casa. Yo sabía que mamá no tendría diez dólares. Ella trabajaba muy duro día y noche en la costura. El dinero que ella recibía por su trabajo de costura, sólo le alcazaba para pagar las cosas más necesarias de la casa. Esa noche lloré y lloré sin consuelo, sólo anhelaba tener ese cochecito.

Todos los días yo visitaba la *Tienda* de don Marcelo para ver si el cochecito convertible todavía estaba allí. Cada día se veía más y más bonito, ¡estaba tan brillosito! Su color rojo y sus líneas blanca y negra le hacían ver ¡más hermoso!

Aquella tarde fue tanta la tentación en poseer aquél *codiciado* cochecito, que sin pensarlo dos veces, decidí llevármelo. Me fijé que nadie estuviera mirándome. Doña Ely estaba atendiendo a un cliente, así que me acerqué a la vitrina cuidadosamente mirando para todas partes. Luego lo saqué y lo coloqué dentro de mi chaqueta para esconderlo. No quería que nadie se diera cuenta que me estaba llevando el cochecito sin pagar por él.

Inmediatamente, salí corriendo de la tienda mirando para todas partes. Mi corazón palpitaba aceleradamente, casi lo podía escuchar. Me sentía tan asustado y estaba ya casi sin aliento. Pensaba que en cualquier momento dejaría de respirar. Las gotas de sudor bajaban por mi rostro como cuando la lluvia cae sobre los ojos que apenas puedes ver por donde vas. Mi boca estaba tan seca que podía sentir mi lengua pegada a mi paladar y mi cuerpo se estremecía del miedo que tenia.

Cuando llegué a la casa, miré para todas partes, me sentía ¡tan asustado! Pensé por un instante que don Marcelo y doña Ely me habían perseguido. Pero cuando miré, no había nadie, ¡uff, que susto! Me dirigí rápidamente a mi *recámara* y cerré la puerta con seguro.

Mis manos me temblaban tanto, que el cochecito se me cayó al piso. ¡Uff! !Menos mal que no se rompió! Lo oculté rápidamente en la gaveta del *buró*. No quería que por nada del mundo, mamá lo descubriera. ¡Cuánto había anhelado tener este cochecito! ¡Y por fin, ya era mío! !Solo mío!

Por varias semanas lo sacaba de mi escondite secreto y durante las noches jugaba con él, ocultándome bajo mis sábanas con una linterna. Jugaba hasta quedarme rendido del sueño. Por la mañana, lo escondía en una de las gavetas de mi buró y lo tapaba con las *medias/calcetines*.

Capítulo 5

Una noche mamá entró a mi recámara sin que yo me diera cuenta. Levantó las sábanas de un tirón. De pronto, mi rostro enrojeció del susto, pero menos mal que estaba obscuro.

– Ed, ¿qué haces jugando a estas horas de la noche?

¡Mañana tienes que ir a la escuela! Ya tendrás tiempo para jugar. Guarda ese carrito y vamos a dormir. – me dijo.

Tiernamente me arropó y me besó, tomó el cochecito y la linterna y la colocó sobre mi escritorio y se marchó. Mi corazón palpitó fuertemente.

– ¡Uhff, que susto! – susurré para mí mismo. Me sorprendí de que mamá no me preguntara ¿de dónde había sacado aquél cochecito convertible?

Muchas primaveras pasaron y mamá jamás me preguntó por ninguno de aquellos juguetes que yo continuamente traía a la casa. Tal vez ella pensaba que algún amigo de la escuela o del vecindario me lo había regalado. Posiblemente pensaba que me los encontraba en el camino de regreso de la escuela. Pero lo que yo sí sé es, que cada vez era más fácil llevarme o mejor dicho: "robarme" las cosas ajenas sin pagar por ellas. En muchas ocasiones me decía a mi mismo. - !Qué suerte la mía! Mamá nunca me preguntó ¿de dónde salían todos aquellos juguetes?

Pasaron los años y me convertí en un joven adulto de veintiún años de edad. Ya estaba terminando mi Bachillerato en Mercadeo de la Universidad Interamericana de Bayamón, en Puerto Rico. Tenía muy buenas calificaciones, aunque algunas de ellas las había adquirido copiándome en los exámenes.

A través de los años, había desarrollado diferentes técnicas para engañar, mentir y sobre todo robar muchas cosas que no eran mías. Ya con el tiempo se me hacía tan fácil. Todo era como un juego.

Un día fui al escritorio de la profesora y vi que tenía el examen que nos daría en unos días. Lo tomé del escritorio tan pronto ella se distrajo. Entonces, hice una copia fotostática y luego sin que se diera cuenta, lo puse nuevamente sobre su escritorio.

Cada día, se me hacía más y más fácil tomar lo que no me pertenecía. Era como un juego de computadora, o del "Xbox", en donde había que lograr llegar al final de la meta, cueste lo que cueste. Lo más importante era ¡GANAR!

Me gradué de la Universidad con honores y comencé a trabajar en la industria de la fotografía. Allí en el área de trabajo comencé a robar. Robaba las aspirinas que estaban en el botiquín de primeros auxilios, los vendajes, tijeras y más adelante comencé a robar cosas de más valor en la empresa.

Robaba la comida que mis compañeros traían para el almuerzo. Cuando ellos las colocaban en el refrigerador, yo les cambiaba la bolsa con una bolsa que tenía mi nombre. De esa manera nadie podía decir que yo la había robado.

Todo me era tan fácil aunque a veces me asustaba que me descubrieran. Especialmente cuando escuchaba a mis compañeros que decían que alguien les había robado su almuerzo. Cuando ellos me preguntaban, mentía con tanta credibilidad que nadie dudaba de mí.

Sabía que esto algún día se descubriría. Había aprendido de mamá: - "No hay nada oculto que no haya de ser manifiesto, ni secreto que no haya de ser conocido y salga a la luz".. Pero me creía que todo lo tenía controlado y que nadie se daría cuenta. Pensaba que era invencible.

Capítulo 6

Una noche llamaron a la puerta de mi casa. Mamá estaba bordando un mantel para la mesa del comedor. Se levantó de su sillón y se dirigió hacia la puerta. Al abrirla, se encontró con dos policías. Ellos le notificaron a mamá, que yo me encontraba en la cárcel por haberme robado un automóvil. Mamá se quedó sin aliento, ¡no podía creer lo que el oficial de la policía le estaba diciendo! Su sorpresa fue tan grande, que le dijo al policía.

– Yo creo que usted está equivocado, ¡mi Eduardo, nunca haría eso!

El oficial, me describió físicamente e inmediatamente le mostró una foto que fue tomada en el cuartel de la policía. Mamá no podía creer lo que el oficial de la policía acababa de decirle. ¡Esto era una equivocación! !Era imposible que fuera su hijo!... ¿en la cárcel? Pero ciertamente cuando le enseñó la fotografía, ya no pudo negarlo más, por supuesto, era su hijo Ed.

Cuando mamá llegó a la cárcel, me encontraba en una de esas celdas en donde encierran a los criminales.   Yo, estaba sentado sobre una sucia y mal oliente cama. Un oficial de la policía abrió mi celda y me llevó a un salón en donde los presos recibían a las visitas. Allí sentada frente a mí, se encontraba mamá, tenía sus ojos humedecidos e hinchados por tanto llorar. En aquél momento tomé valor y le hice una pregunta que hacía muchos años me había preguntado a mí mismo. Con voz ahogada y llena de angustia le pregunté:

– Mamá, ¿por qué nunca me preguntaste de dónde provenían todos aquellos juguetes desconocidos que yo traía continuamente a la casa?

Ella me miró sorprendida y con una mirada de preocupación y con el ceño fruncido me preguntó:

– Ed, ¿de qué me estás hablando? ¿A qué te refieres hijo?

Por vez primera le confesé a mamá lo que estuve haciendo por tantos años desde que tenía ocho años de edad. También en lo que hoy día me había convertido, en un *ladrón*.

Cuando salí de la cárcel, decidí cambiar mi vida completamente. Comencé a ir a la iglesia con mamá nuevamente. Estudiaba lo que la biblia nos dice acerca del robar, mentir y maldecir. De ahí en adelante quería ser honesto, cuidadoso al hablar, respetuoso con todos y dadivoso.

Todos los días me traía un recipiente de almuerzo adicional para compartir con alguno de mis compañeros de trabajo. Quería pagarles por todos aquellos almuerzos que me había robado por muchos años. Deseaba que de alguna manera u otra arreglar mis errores cometidos en el pasado.

Nunca les confesé lo que hice, mi verguiza era tal, que no me atrevía. Pero con mis acciones comencé a vivir la vida de una persona diferente, de una persona honrada. Dejé de robar, de mentir y de hacer trampas, me sentí que era una persona diferente.

Capítulo 7

Una tarde, decidí ir a la casa de don Marcelo, yo tenía una deuda pendiente que aclarar con él y doña Ely. Mamá me había dicho que don Marcelo estaba muy enfermo y que ya tenía unos ochenta años de edad.   Cuando entré a la casa, doña Ely me reconoció enseguida y me recibió con el mismo cariño de siempre.

> – ¿Cómo voy a olvidar tu rostro Eduardo? ¡Te veía casi todos los días en la Tienda! ¡Estás hecho un hombre hijo! – dijo con mucha emoción.

Inmediatamente le pregunté por don Marcelo. Ella me contestó con un tono medio triste.

> – Hay Ed, Marcelo está muy enfermo y ya casi no sale de la cama.
> – ¿Dona Elizabeth, cree que él me reconocerá cuando me vea? – le dije con voz entrecortada y llena de emoción.

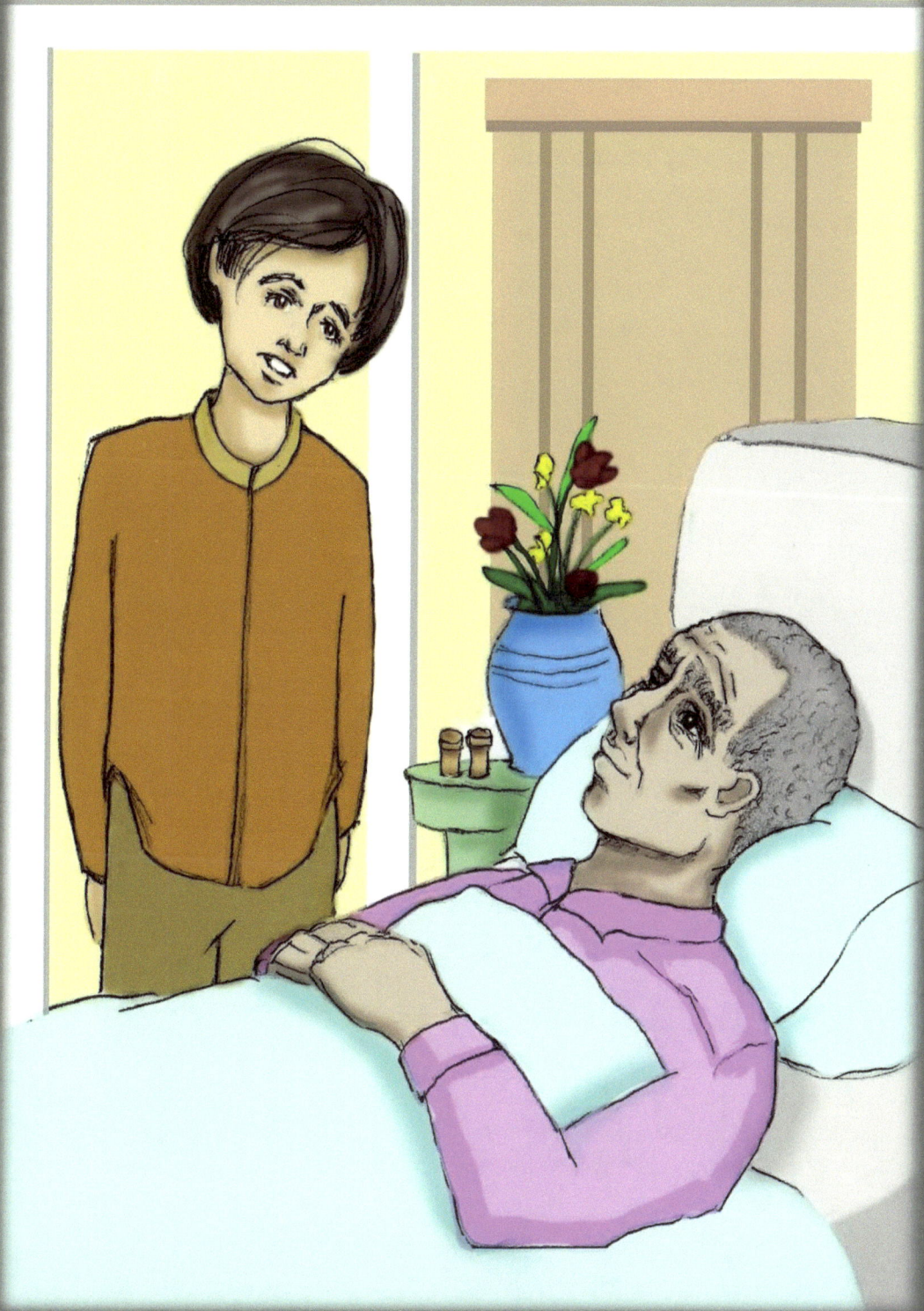

Yo no quería que él muriera sin confesarle lo que había hecho por tantos años con todos los juguetes que se habían desaparecido de la *Tienda*. Tenía que quitarme este gran peso de encima y le pedí a Dios en silencio que don Marcelo tuviera lucidez en reconocerme.

Cuando entré a la recámara, allí estaba don Marcelo, tendido sobre su cama con sus ojos cerrados. Sus cabellos estaba grises y su rostro envejecido por los años. Mi corazón palpitó rápidamente. Me quedé parado frente a él y para mi sorpresa después de unos minutos, él abrió sus ojos, me miró fijamente por unos minutos y luego me dijo con voz temblorosa.

– ¿Caramba Ed, ya estas hecho un hombre? Hijo, ¿dónde has estado en todos estos años?

Allí tomé valor y les pedí perdón a doña Ely y don Marcelo. Les dije lo que había hecho durante todos aquellos años. Lo mal que me porté con ellos dos. Don Marcelo se había preguntado en muchas ocasiones, ¿quién era el ladrón que se llevaba todos aquellos juguetes que él construía?

Aquella tarde hubo lágrimas de reconciliación y perdón. Sentí que un gran peso fue quitado de mis espaldas el cual había cargado por muchos años. Aquella noche yo me sentí libre de todas esas faltas del pasado. Me prometí a mí mismo y a mi madre, que nunca jamás tomaría algo que no fuera mío. ▲

Capítulo 8

Al otro día muy temprano en la mañana, mamá recibió una llamada telefónica de doña Ely. Ella le notificó que don Marcelo había pasado a morar con el Creador.

– Murió justo después que Ed salió de la casa. El rostro de Marcelo sólo destilaba una paz y una gran tranquilidad. Yo diría que parecía que estaba esperando por Ed para entonces irse en paz con Dios– le dijo Doña Ely.

Creo firmemente que él esperó por mí, para que fuese yo el que pudiera tener esa paz. Aprendí que el robar algo ajeno a la larga traería problemas con uno mismo, con la justicia y con el Creador.

Glosario

Artesano – persona talentosa que realiza trabajos en madera, cuero, plástico u otro material.

Azabache – se refiere al color negro intenso

Brillosito – que brilla

Buró – gavetero, es un mueble en donde se coloca la ropa

Calcetines/Medias – prenda de vestir que se pone en los pies

Castaños – de color marrón

Cinta métrica –cinta que contiene números y se utiliza para medir.

Clavos –pieza de metal con punta fina y se usa para unir la madera.

Codiciado – deseado en forma negativa, ansiado, anhelado.

Construir – en este cuento se refiere a hacer con la madera un objeto (cochecito de madera).

Convertible –un coche que la capota se abre y cierra, descapotable.

Dedicación – una persona que aplica, con cuidado lo que sabe.

Descendía – en el cuento se refiere a la familia, a los antepasados.

Destilaba – en esta historia se usa como mostrar, ver, lucir

Destreza – habilidad en el arte, música, en la madera y etc.

Deuda – algo que uno debe, en este cuento se refiere a que uno le debe una disculpa a alguien.

Ebanista – un carpintero, persona que su oficio es trabajar en la madera fina

Escurríamos – en esta historia se refiere a filtrarse, pasarse sin que nadie se dé cuenta

Exquisitos – deliciosos, de muy buena calidad, algo rico al paladar

Herramienta – instrumento que se utiliza en la carpintería como: martillo, destornillador, sierra, y otros.

Grises – en esta historia se refiere al cabello que comienza a aclararse por la vejez.

India(o) Taína(o) – primeros habitantes que vinieron a vivir a las Antillas. Eran de mediana estatura, cabellos color negro azabache, ojos alargados y piel canela.

Labradas – talladas con diseños

Ladrón – persona que roba, también se le conoce como pillo

Lija - papel abrasivo que se usa para suavizar la madera

Llantas – gomas, caucho, neumático de un carro/coche

Martillo – herramienta que se utiliza para golpear clavos y unir la madera una con la otra.

Patrón – diseño que se traza en una forma definida

Pega – goma adhesiva, material que se utiliza para juntar/pegar madera, papel, tela

Recámara – cuarto, habitación

Robar – hurtar, llevarse lo que no es de uno

Serrucho – herramienta de hoja ancha que se utiliza para cortar madera, arboles, metales

Sofrito – compuesto de (ajo, cebolla, cilantro, culantro)

Sorullitos de maíz – embutidos de maíz

Taller de Carpintería – lugar de trabajo en madera

Tienda – botica, establecimiento comercial donde hay mercancía (juguetes, ropa, comida, muebles).

Vitrina – espacio en las tiendas para exhibir la mercancía.

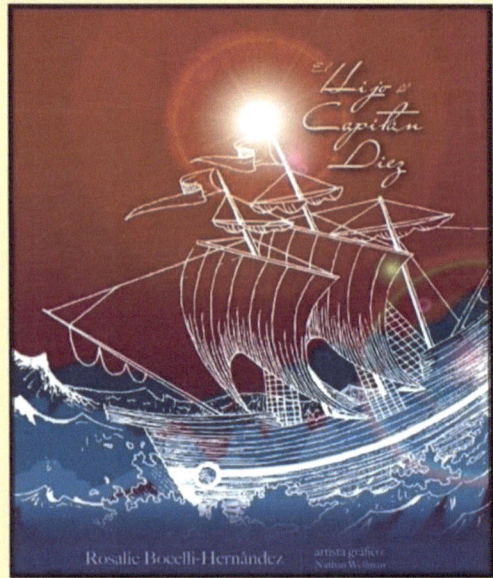

MAX,
!Mi Mejor Regalo de Cumpleaños!

Libros basados en historias reales

Sebastian, un niño de ocho años, nos relata su historia de cómo fue que él recibió como regalo de cumpleaños, un perro Siberiano Husky. Su papá, le dio la oportunidad de escoger a su perro, exponiéndolo a la información que aparece en los libros de la biblioteca. Max, el perro Siberiano, viene a formar parte de la familia.

Este libro enseñará a niños y jóvenes la responsabilidad que se debe tener con su mascota. Esto se muestra a través del proceso en que Sebastian aprendió de las diferentes razas de perros y su medio ambiente. Este proceso lo ayudó a tomar la decisión de cuál perro se ajustaba mejor con su familia.

Muchos psicólogos y educadores recomiendan que los niños se expongan a los animales y aprendan a tener responsabilidades con ellos desde la temprana edad. Una mascota en el hogar ha beneficiado en diferentes niveles de áreas emocionales a niños, jóvenes y adultos. Ha ayudado a personas depresivas y también sirven de una gran compañía para personas mayores.

¡ Sebastian nos narra su historia y ella le cautivará el corazón!

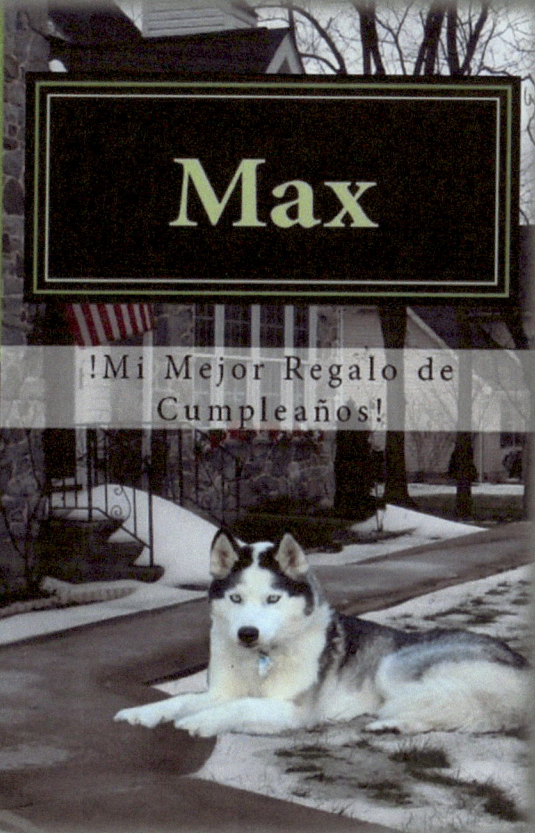

Rosalie Bocelli-Hernández

Rosalie nació en una Isla del Caribe en Ciales, Puerto Rico. Desde muy pequeña su pasión por las artes fue parte de sus años de formación. Siempre le gustó la actuación, cantar, el cine, el teatro y sobre todo escribir. A los dieciséis años fue reclutada por un grupo de la Iglesia para desarrollar historias en donde eran transmitidas en una cadena de radio cristiana. En el 1996, Kodak Eastman le ofrece un contrato para trabajar en Carolina del Norte, EU. En el 2001, el Sr. Walter, le ofrecen la oportunidad de ser anfitriona de un programa de formato bilingüe que es transmitido en la cadena de Time Warner. En febrero del 2014 mientras terminaba su Maestría el Dr. Larry Woods, profesor universitario, siembra una chispa de aliento en la vida de Rosalie para que ella publique sus obras. Rosalie publica: "Dos Hermanas Gemelas", basado en la vida de dos artistas, Milagros y Cristina Durán Alfaro. En enero 2016, publica: Lo Prohibido, El Hijo del Capitán Díez y Una Niña Talentosa la cual es su autobiografía.

Esta ha sido una jornada dura y llena de lágrimas, pero gracias al favor de Dios, ella han logrado muchos de sus sueños.

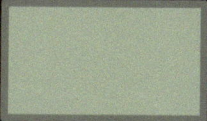

Max

!Mi Mejor Regalo de Cumpleaños!

Dos Hermanas Gemelas

Twin

Sisters

Bilingual book

By Rosalie Bocelli-Hernández

Graphic Design & Illustrations by David Cruz

Translator: Carlos Ian Cuevas

Rosalie Bocelli-Hernández
Graphic Design & Illustrations by David Cruz
Translator: Carlos Ian Cuevas

Twin Sisters is a story based on real characters, Milagros and Cristina Durán Alfaro. This is a story full of adventure and motivation for those children and youth who have talents in different areas of the arts. This story tells how Grandpa Felix discovered the talents of his twin granddaughters and taught them to love painting and drawing. He taught in their primary years to feel the breath of nature and be part of it. He taught them, how to observe the morning dew on the leaves, the sprouting of flowers along the green meadow, the stillness of the lake and the sound of the rolling river. The light, as it fell over the leaves and radiated shades of green, yellow and brown. Grandpa Felix taught them to capture those feelings with a brush or pencil on a canvas or paper sketchbook .

Many years ago, Grandpa Felix used the same motivation with his daughters: Milagros and Carlota Alfaro, who years later became two distinguished Puerto Rican designer couturiers. He wanted to leave his legacy with his twin granddaughters. When the twins grew up, they went to work at the Carlota Alfaro Academy, where they studied everything about design. Then they shared their acquired knowledge, offering couture lessons.

This inspiring story is based on real persons, teaching our children, to discover and develop their talents. The author provides an email address for her readers to share their talents and what they want to do with them when they become adults. This motivational story will help children in building their self-esteem.

Twin Sisters

By Rosalie Bocelli-Hernández

Graphic Design & Illustrations by David Cruz

DOS
Hermanas
Gemelas

Escrito Por Rosalie Bocelli Hernandez

Ilustraciones

Por

David Cruz

www.ingramcontent.com/pod-product-compliance
Lightning Source LLC
Chambersburg PA
CBHW040019050426
42452CB00002B/50